Günther Thomé und Dorothea Thomé

HEFT 1
HEFT 2
HEFT 3
HEFT 4

LANG-VOKALE

Alle 13 Langvokale mit Dehnungs-h oder Vokalverdoppelung

in den 450 häufigsten Wörtern im Deutschen:

ih, eh, ah, oh, üh, äh, uh, ee, aa, ieh, öh, eih, oo

Basiskonzept Rechtschreiben

Alle Wörter aus den Grund-, Basis- und Orientierungswortschätzen aus zwölf Bundesländern: Baden-Württemberg, Bayern, Berlin, Brandenburg, Bremen, Hamburg, Hessen, Niedersachsen, Nordrhein-Westfalen, Sachsen, Sachsen-Anhalt, Thüringen

– mit rund 450 Haupteinträgen in den sortierten Wörterlisten
– mit vielen Erklärungen, Kopiervorlagen und 69 Übungen
– mit einem Lösungsblatt

Dein Name, Klasse: ______________________________

isba Institut für sprachliche Bildung

Die Deutsche Nationalbibliothek verzeichnet die Publikation in der Deutschen Nationalbibliografie; detaillierte bibliografische Daten sind im Internet über portal.dnb.de abrufbar.

Alle vier Lernhefte zu allen besondere Schreibungen (Orthos) im Deutschen:

ISBN 978-3-94212239-9	Konso-Checker	Heft 1
ISBN 978-3-94212240-5	**LANGVOKALE**	**Heft 2**
ISBN 978-3-94212241-2	Wortstämme	Heft 3
ISBN 978-3-94212242-9	v, ß und andere	Heft 4

Passend zur Arbeit mit dem Basiskonzept Rechtschreiben:
- Professionelles Wissen über Rechtschreibung, ISBN 978-3-94212234-4
- Deutsche Wörter nach Laut- und Schrifteinheiten, ISBN 978-3-94212243-6
- Häufige Wörter, ISBN 978-3-94212225-2
- Häufigkeiten in der Rechtschreibung, A4-Karten, ISBN 978-3-94212233-7
- So schreibe ich richtig“, Übersichtsposter, DIN A1, ISBN 978-3-94212229-0
- OLFA (Oldenburger Fehleranalyse) 1–2 für die Klassen 1 und 2, ISBN 978-3-94212204-7
- OLFA (Oldenburger Fehleranalyse) 3–9^{+} für Klassen 3–9 (und darüber), ISBN 978-3-94212222-1
- OLFA-Online (www.olfaonline.de)

Danksagung: Wir haben vielen Helferinnen und Helfern zu danken, besonders aber möchten wir uns bei unseren Förderschülern und -schülerinnen bedanken, von denen wir sehr viel gelernt haben und natürlich bei Maria Fleiter, Katja Siekmann, Miriam Stiehler (wissenschaffer.de), Angelika Tuppi, Siegbert Rudolph (derlesekoch.de) und Christian Stang.

Werbachstr. 16, 26121 Oldenburg
komplette Ökoproduktion: Bio-Farben, zertifiziertes Recyclingpapier,
klimaneutraler Druck und Versand, die Umweltdruckerei, Hannover
www.isb-oldenburg.de, ISBN 978-3-94212240-5

klimaneutrales Druckerzeugnis | durch CO_2-Ausgleich | www.natureOffice.com/DE-275-NZNED6T

Inhalt

LANGVOKALE

Bilder, Zeichen und Begriffe 4
Worum geht es hier in diesem Heft? 5
Die wichtigen Vokale (Selbstlaute) 6
Die Lang- und Kurzvokale 6
Langvokale und Basisschreibungen 7
Langvokale und Orthos (Nebenschreibungen) 8
1. Zum Dehnungs-h 8
2. Zur Vokalverdoppelung 9
Es geht los mit zwei Gedichten 10

Wörterlisten und Übungen 11

Langer i-Laut	ih	für den langen i-Laut	wie in ihn	12
	Übungen (S. 13)			
	ieh	für den langen i-Laut	wie in ziehen	15
	Übungen (S. 15)			
Langer e-Laut	eh	für den langen e-Laut	wie in gehen	17
	Übungen (S. 19)			
	ee	für den langen e-Laut	wie in See	23
	Übungen (S. 23)			
Langer a-Laut	ah	für den langen a-Laut	wie in fahren	24
	Übungen (S. 25)			
	aa	für den langen a-Laut	wie in Haar	29
	Übungen (S. 29)			
Langer o-Laut	oh	für den langen o-Laut	wie in wohnen	30
	Übungen (S. 30)			
	oo	für den langen o-Laut	wie in Boot	33
	Übungen (S. 33)			
Langer ü-Laut	üh	für den langen ü-Laut	wie in Mühle	34
	Übungen (S. 35)			
Langer ä-Laut	äh	für den langen ä-Laut	wie in ähnlich	36
	Übungen (S. 37)			
Langer u-Laut	uh	für den langen u-Laut	wie in Uhr	38
	Übungen (S. 38)			
Langer ö-Laut	öh	für den langen ö-Laut	wie in fröhlich	40
	Übungen (S. 40)			
Langer ei-Laut	eih	für den langen ei-Laut	wie in Weihnacht	41
	Übungen (S. 41)			

Kärtchen und Kopiervorlagen für gemischte Übungen 42
Literatur 44
Lösungsblatt liegt bei

Bilder, Zeichen und Begriffe 

Adjektiv Eigenschafts- oder Wiewörter: klein – kleiner – am kleinsten

Ausrufezeichen hier kommt etwas Wichtiges, das du dir merken solltest

Basisschreibung ist die häufigste und lauttreue Schreibung, wie -**e**, **n**, **r**, **ch**. Basisschreibungen sind viel häufiger als Orthos (= besondere Schreibungen)

Diphthong es gibt drei Diphthonge **ei**, **au**, **eu** mit ihren verschiedenen Verschriftungen. Sie gehören nach dem Basiskonzept zu den Langvokalen.

FW Fremdwort: der Trainer, der Cowboy, das Trikot

Infinitiv Grundform bei Verben, mit -en am Ende: laufen, reden, sehen

Konsonant Mitlaute: **S** ie **s** i **n** **d** **h** ie **r** **f** e **tt** **g** e **d** **r** u **ck** **t**

Kurzvokal ein kurzes a (in *Apfel, alle)*, ein kurzes i (in *Insel, ich*). Mit einem kleinen Punkt oder Ball wird auf Kurzvokale hingewiesen.

Langvokal ein langes a (in *Glas* oder *fahren*), ein langes i, (*Biene* oder *ihn*,) Unterstrichene Vokale (a, ie, o, u), zeigen einen **Langvokal** an.

Nebenschreibung ist (nach der häufigen Basisschreibung) die seltenere Einheit für eine Lauteinheit, wie v, ll, nn, ih. Die Nebenschreibungen oder Orthos werden mit roter Farbe markiert.

Nomen Haupt- oder Namenwort: die Frau, der Mann, das Kind, das Glück

Orthos sind Nebenschreibungen, die selten und etwas schwierig sind

→ der Pfeil verweist auf wichtige Wörter in der Wörterliste

Plural die Mehrzahl: zwei Züge, drei Kinder, vier Hefte.

Singular die Einzahl: ein Zug, ein Kind, ein Heft

Sprachlaut ein systematischer Sprachlaut, dem mindestens ein Schriftzeichen auf der schriftlichen Ebene gegenübersteht.

Substantiv Nomen, Haupt- oder Namenwort: die Frau, der Mann, das Kind

Verb Beispiele: gehen, ging, gegangen

Vokal **Selbstlaute**: s **ie** s **i** n d h **ie** r f **e** tt g **e** d r **u** ck t

Wortbaustein mit Wortbausteinen kann man vor, innerhalb oder nach einem Wortstamm etwas zufügen. Im Wort *verkaufen* ist *ver-* der vordere Baustein, -***kauf***- der **Wortstamm** und -en ist der Endungsbaustein. Im Unterschied zur Silbe ist jeder Wortstamm, wie lauf-, sag-, sing-) eine sinntragende Einheit: **lauf**-en.

Wortstamm der Wortstamm soll möglichst immer erhalten bleiben: Berg – Berge, gelb – gelbe

Worum geht es in diesem Heft?

Es geht um alle 13 **LANGVOKALE** mit einem Dehnungs-h oder mit einer Vokalverdoppelung. Es sind:

ih	eh
ah	oh
üh	äh
uh	ee
aa	ieh
öh	eih
oo	LANGVOKALE

Gut zu wissen:

Diese 13 Orthos sind selten. Du kannst es **nicht hören**, ob ein Dehnungs-h oder ein doppelter Vokal geschrieben werden muss. Es hilft dir aber schon sehr viel, wenn du weißt,

1. dass sie **sehr selten** sind und
2. dass es sich lohnt, wenn du besonders auf die **häufigen** Wörter und Wortbausteine achtest.

Damit machst du es dir leichter!

Die wichtigen Vokale (Selbstlaute)

Ohne Vokale kannst du Wörter nicht erkennen. Die Wörter leben, lieben, loben könntest du nicht unterscheiden. Es wäre immer nur l-b-n.

Es gibt insgesamt 19 Vokale:
11 Langvokale und
8 Kurzvokale.

Die Lang- und Kurzvokale

Es gibt eine Unterscheidung, die sehr wichtig ist. Es ist der Unterschied zwischen Lang- und Kurzvokalen. Auf alle Fälle gibt es mehr Vokale im Deutschen, als die meisten Leute glauben. Viele meinen, es gäbe nur fünf Vokale. Veeeersuuuucheeee einmaaaal soooo zuuuu spreeeecheeeen.

Alle Langvokale, mit au und eu (sortiert nach ihrer Häufigkeit)

1.	ei	das Ei, eine, deine
2.	e	die Feder, er, wer, den
3.	a	das Glas, da, haben, war
4.	ie	die Biene, die, sie, wie
5.	u	die Blume, zu, du, nun
6.	au	das Auto, auf, aus, auch
7.	o	die Hose, oder, so, wo
8.	ü	die Tür, über, für
9.	ö	der Löwe, schön, böse
10.	eu	die Eule, euch, neu
11.	ä	der Käse, wäre, nämlich

Alle Kurzvokale (sortiert nach ihrer Häufigkeit)

1.	e	das schwache, aber häufige Murmel-e: wie am Ende von Hase
2.	i	die Insel, in, im, mit
3.	a	der Apfel, was, hat, als
4.	e	das Zelt, des, etwas
5.	u	die Muschel, uns, zum
6.	o	der Frosch, oft, doch
7.	ü	die Büsche, fünf
8.	ö	die Töpfe, zwölf, öfter

Lies die Wörter vor. Beachte nur den ersten Vokal in jedem Wort.
Male einen Strich unter alle Langvokale: k <u>a</u> m e n.

Langvokal	**Kurzvokal**
k a m e n	k ọ mm en
M ie t e	M ị tt e
R o s e	R ọ ss e (alter Ausdruck für Pferde)

Langvokale und Basisschreibungen

Es gibt häufige und seltene Schreibungen. Die meisten Schreibungen (über 90 Prozent) sind einfach. Sie stehen fast immer für einen Laut wie t für den t-Laut (**T**al, Mu**t**), e für den langen e-Laut (d**e**r, w**e**r) und a für den langen a-Laut (d**a**, w**a**r). Wir nennen sie **Basisschreibungen**. In dieser Tabelle siehst du alle **Basisschreibungen**, die es im Deutschen gibt:

N /n/ NASE	S /z/ SEIL	U /ʊ/ MUSCHEL	NG /ŋ/ RING
E /ə/ HASE	M /m/ MAUS	F /f/ FISCH	P /p/ PINSEL
R /r/ RAKETE	EI /aɪ/ EINS	H /h/ HAUS	Ü /yː/ HÜTE
T /t/ TISCH	E /eː/ FEDER	O /ɔ/ FROSCH	Ü /ʏ/ BÜSCHE
D /d/ DACH	W /v/ WIESE	K /k/ KUCHEN	J /j/ JÄGER
I /ɪ/ INSEL	A /aː/ GLAS	Z /ts/ ZAUN	Ö /øː/ LÖWE
A /a/ APFEL	G /g/ GABEL	U /uː/ BLUME	EU /ɔʏ/ EULE
L /l/ LAMPE	E /ɛ/ ZELT	AU /aʊ/ AUTO	Ä /ɛː/ KÄSE
S /s/ EIS	B /b/ BAUM	O /oː/ HOSE	Ö /œ/ TÖPFE
CH /x/ MILCH BUCH	IE /iː/ BIENE	SCH /ʃ/ SCHAF	PF /pf/ PFERDE
	© Thomé und Thomé		CHS /ks/ FUCHS

Basisschreibungen haben kein Dehnungs-h und keine Verdoppelung. Langes a wird mit a, langes e mit e, langes o mit o und langes i wird mit ie geschrieben.

Langvokale und Orthos (Nebenschreibungen)

Über 90 Prozent aller Schreibungen sind lautgetreu, d. h. für einen Laut steht immer dieselbe häufige Basisschreibung. Die übrigen **10 Prozent** sind **seltene und besondere Nebenschreibungen**, die wir Orthos nennen. Diese Orthos weisen neben der Lautung noch auf etwas anderes hin, z. B. auf die Vokallänge oder -kürze oder den Wortstamm.

In dieser Übersicht findest du alle Langvokale mit ihren häufigen Basisschreibungen (grün) und ihren seltenen Orthos (rot):

a	ah	aa	
e	eh	ee	
ie	ih	i[1]	ieh
o	oh	oo	
u	uh		
ü	üh		
ä	äh		
ö	öh		
ei	eih	ai[1]	
au			
eu	äu[2]		

1 Das i für langen i-Laut und ai für den ei-Laut findest du in Lernheft 4. 2 Das äu für den eu-Laut findest du in Heft 3.

1. Zum Dehnungs-h

ih eh ah

Langvokale mit einem Dehnungs-h bilden immer eine feste Einheit: ah, eh, ih, oh, uh, üh, öh usw. Das Dehnungs-h zeigt uns an, dass hier ein Langvokal besonders markiert wird. Auch die Vokalverdoppelungen aa, ee und oo zeigen einen Langvokal an.

Das Dehnungs-h wird **nie gesprochen** (auch nicht beim sogenannten silbentrennenden h, mit dem wir hier nicht arbeiten). Das **Dehnungs-h** ist also immer **stumm**, z. B. ihm (ih ist eine Einheit), sehr (eh ist eine Einheit), fahren (ah ist eine Einheit) oder Haar (aa ist eine Einheit).

Dann gibt es natürlich noch **das echte h,** das man **immer hören** kann, in Wörtern wie: **h**at, **h**eute, ge**h**ört (ge-**h**ört), ge**h**olfen (ge-**h**olfen), be**h**alten (be-**h**alten), Jo**h**annisbeere (Jo-**h**annisbeere) und See**h**und (See-**h**und).

2. Zur Vokalverdoppelung

Es gibt für die Vokale **nur diese Verdoppelungen: aa**, **ee**, **oo.** Die doppelten Vokale werden **nie einzeln ausgesprochen**. Die Buchstaben ä, ö und ü werden nie verdoppelt.

Für den langen i-Laut gibt es keine doppelte i-Schreibung. Das würde in der Schreibschrift wie ein ü aussehen.

Auch für den langen u-Laut gibt es kein doppeltes u, weil es dann in der Schreibschrift so aussehen würde wie ein w. Das w wird im Englischen *double-u* genannt, weil es aus zweimal u gebildet wurde.

Man kann bei allen Langvokalen mit Dehnungs-h oder mit Vokalverdoppelung nicht hören, wie man sie schreibt.

Bei den Wörtern war und wahr kann man z. B. nicht hören, ob ein Dehnungs-h geschrieben werden muss oder nicht. Sie klingen genau gleich! Auch im Wort Haar kann man das doppelte **aa** nicht hören. Weil man sich also beim Dehnungs-h und den verdoppelten Vokalen nicht auf das Hören verlassen kann, sind es besondere und schwierige Orthos, die man oft üben oder sich merken muss.

Hinzu kommt, dass es keine gültigen Regeln zum Dehnungs-h und zur Vokalverdoppelung gibt.

Zwar wird oft die Regel genannt:

Das Dehnungs-h steht meistens vor -l, -m, -n oder -r.

Wem sie hilft, der kann sie gerne verwenden, aber leider ist sie nicht immer und auch nicht für alle Lerner sinnvoll. Warum? Bei einer eh-Schreibung für den langen e-Laut folgt z. B. deutlich häufiger ein -en: gehen, sehen, stehen, fehlen, stehen usw.

Es geht los - mit zwei Gedichten

1. Lies dir das Gedicht gut durch. Male nun alle Dehnungs-h rot an. Zähle alle Dehnungs-h, auch die Wiederholungen. Trage die Zahl unten ein. Beispiel: Mühle

Aus der Mühle schaut der Müller, 1
der so gerne mahlen will.
Stiller weht der Wind und stiller,
und die Mühle steht nun still.

„So geht es immer, wie ich finde",
ruft der Müller voller Zorn.
„Hat man Korn, so fehlt's am Winde,
hat man Wind, so fehlt's am Korn."

frei nach Wilhelm Busch

DEHNUNGS-H: ___

2. Lies dir auch dieses Gedicht gut durch. Male alle Dehnungs-h rot an. Zähle alle Dehnungs-h, auch die Wiederholungen. Trage die Zahl unten ein.

Wir fahren so gemütlich 1
mit der Pferdebahn!
Das eine Pferd, das zieht nicht,
das andere ist lahm.
Der Fahrer kann nicht fahren,
der Schaffner kann nicht sehen,
und alle Augenblicke,
da bleibt die Bahn auch stehen.

Berliner Volkslied, leicht verändert (über 100 Jahre alt)

DEHNUNGS-H: ___

Wörterlisten und Übungen

Informationen zum Material: Alle Orthos sind in den folgenden Wörterlisten **rot** gedruckt. Hiermit soll der Blick sofort auf diese Stellen innerhalb eines Wortes gelenkt werden. Mit der Rotmarkierung und mit den Bildsymbolen, die nun vorgestellt werden, sollen systematische und gute Hilfen gegeben werden, um unsere Rechtschreibung besser verstehen und lernen zu können! Es werden allerdings nur die Orthos, um die es hier im Heft geht, rot markiert (also keine rot markierten Konsonantenverdoppelungen usw.).

Substantive (Nomen oder Namenwörter) werden mit Artikel und in der Singular- und Pluralform angegeben.

Jahr, das	die Jahre
Zahn, der	die Zähne

Verben (Zeit-, Tätigkeitswörter) werden in dieser Form dargestellt:

fahren	er/sie/es	fährt, fuhr, gefahren
gehen		
	er/sie/es	geht
		ging
		gegangen

Adjektive (Eigenschafts- oder Wiewörter) werden gesteigert:

froh	froher	am frohsten

Die **Sortierung der Wörter in den Listen** erfolgt nach der üblichen Reihenfolge von A bis Z. Die Umlaute ä, ö, ü und äu werden wie die Buchstaben a, o, u und au behandelt und direkt danach eingeordnet. Das ß wird wie ein Doppel-s behandelt. Bei ansonsten gleicher Wortform ist ß immer nach ss einsortiert.

Zu den Übungen und Kärtchen: Sehr viele der Übungen lassen sich auch auf andere Langvokal-Orthos übertragen. Dann hat man eine noch breitere Übungsauswahl.

Die Kärtchen können kopiert und ausgeschnitten werden und für einzelne oder gemischte Übungen immer wieder eingesetzt werden. Die ausgeschnittenen Kärtchen kann man dazu am besten in einem Briefumschlag aufbewahren.

Zu den **häufigen Wörtern in Kindertexten** (unter jeder Liste): Hier beziehen wir uns auf die Untersuchung von 122.000 Wörtern von Dritt- bis Fünftklässlern von Siekmann (2023).[1]

Zum **silbentrennenden h**: Dort wo ein Dehnungs-h steht – meistens vor einem Schwa /ə/, wie in Schuhe – scheint es für einige Lehrkräfte irrtümlich möglich, das Dehnungs-h als h-Laut zu sprechen: ge-hen, Re-he, Schu-he). Es wird als **silbentrennendes h** bezeichnet. Eine Differenzierung zwischen silbentrennendem h und Dehnungs-h ergibt allerdings nach unserem Basiskonzept keinen Sinn. Der Begriff „silbentrennendes h" ist insgesamt irreführend und nicht zweckmäßig.[2]

1 Und auf Naumann (1999), Augst (2009) und das Duden-Korpus „Die häufigsten Wörter in deutschsprachigen Texten" (mit 18 Millionen Einträgen).

2 Wenn wir das Dehnungs-h als sprechbares h betrachten, fehlt für den Vokal die Markierungsfunktion. Ein weiteres Argument h wäre, dass beim selben Wort das h manchmal als Dehnungs-h gilt (in ge**h**st) und manchmal auch als silbentrennendes h (in ge-**h**en).

ih für den langen i-Laut Basisschreibung ist ie

Das h wird nicht gesprochen.

ih m
ih n
ih n e n
ih r
ih r e
ih r e m
ih r e n
ih r e r
ih r e s

Es gibt noch ein einziges weiteres Wort mit **ih**.
Das musst du dir aber nicht merken.
Es ist der **Ihle**.
Das ist ein Hering, der schon abgelaicht hat, also schon Eier gelegt hat.

! Es gibt also nur ganz wenige Wörter, die mit ih beginnen.

Für den langen i-Laut schreibt man (Thomé, Thomé 2023, S. 108, gerundete Werte):

mit	ie	72 %	Beispielwörter: die, sie, wieder, die Wiese
mit	ih	18 %	Beispielwörter: ihm, ihn, ihr
mit	i	9 %	Beispielwörter: wir, mir, dir[3], gibt, der Igel
mit	ieh	1 %	Beispielwörter: ziehen, fliehen, das Vieh

Häufige Wörter mit ih in Kindertexten

ihr	ihn	ihm	ihre

3. Alle Infos und Übungen zur i-Schreibung gibt es in Heft 4. Die i-Schreibung für den langen i-Laut ist ein Ortho und kommt eigentlich nur in den drei Wörtern vor: wir, mir und dir, die allerdings sehr häufig auftreten. Sonst steht es nur in einigen Eigennamen und Fremdwörtern, wie in Igel, Tiger, Biber, Bibel, Fibel.

Übungen: ih für den langen i-Laut

3. Bilde neun Sätze mit ihm, ihn, ihnen, ihr, ihre, ihrem, ihren, ihrer, ihres. Schreibe sie in dein Heft.
Beispiel: Ich habe mich heute mit ihm verabredet.

4. Fülle die Lücken mit passenden ih-Wörtern aus.
Beispiel: Sie ruft ihren Hund.

Lena streichelt _______ Hund. Fritz gibt ________ einen Knochen.

Dann streicheln sie _______ beide. Da kommt ________ Vater.

Er gibt ________ einen Auftrag.

Sie sollen __________ Mutter etwas kaufen.

Er gibt __________ Geld für ____________ Einkäufe.

Sie sollen mit ___________ Hund losgehen und

auch den Hund ___________ Nachbarn mitnehmen.

Lena und Fritz holen __________ Tasche.

Sie nehmen ________ Hund und den Hund ________ Nachbarn mit.

Ein -m oder ein -n? Grammatik kann dir hier helfen

Im Dativ (3. Fall) fragst du: **wem**? Achte hier besonders auf das **m**.
Beispiele: mit ihre**m** Vater (der), mit ihrer Mutter (die), mit ihre**m** Geld (das)

Im Akkusativ (4. Fall) fragst du: we**n** oder was?
Beispiele: ohne ihre**n** Vater, ohne ihre Mutter, ohne ihr Geld

5. Setze die richtigen Wörter (Personalpronomen) ein.
Beispiele: ihr Bruder (der Bruder) ihr Rucksack (der Rucksack) ihr Stift (der Stift)

________ Bruder (der)	________ Rucksack	________ Stift
________ Hose (die)	________ Freundin	________ Bank
________ Frühstück (das)	________ Lachen	________ Lied
________ Lehrerinnen (die)	________ Taschen	________ Bilder

6. Setze die richtigen Wörter (Personalpronomen) ein.

Beispiele: mit ihrem Vater (der Vater) mit ihrem Schirm (der Schirm) mit ihrem Rat (der Rat)

mit ________	Vater (der)	mit ________	Schirm	mit ________	Rat
mit _ihrer_	Freundin (die)	mit ________	Jacke	mit ________	Frage
mit _ihrem_	Buch (das)	mit ________	Wissen	mit ________	Heft
mit _ihren_	Büchern (die)	mit ________	Hunden	mit ________	Heften

7. Setze die richtigen Wörter ein.

Beispiele: ohne ihren Schirm (der Schirm) ohne ihren Mut (der Mut) ohne ihren Kamm (der Kamm)

ohne ________	Schirm (der)	ohne ________	Mut	ohne ________	Kamm
ohne _ihre_	Karte (die)	ohne ________	Mütze	ohne ________	Tante
ohne _ihr_	Geld (das)	ohne ________	Spiel	ohne ________	Mappe

8. Setze die richtigen Endungen ein.

Beispiele: wegen ihres Lehrers (der Lehrer) wegen ihres Tischs (der Tisch) wegen ihres Balls (der Ball)

wegen ________	Lehrers (der)	wegen ________	Tisches	wegen ________	Balls
wegen _ihrer_	Schule (die)	wegen ________	Nase	wegen ________	Hose
wegen ________	Kleids (das)	wegen ________	Tieres	wegen ________	Ringes

9. Hier geht es nur um Dativ und Akkusativ.

Beispiel: Ich nehme _ihre_ Tasche mit.

Ich bringe Lina ______________ Tasche und ________________ Block mit.

Ohne ________________ Tasche und ohne ________________ Block kann sie nicht viel anfangen.

Sie hat mit ____________________ Block und mit _________________ Stift gestern bei mir alle Hausaufgaben gemacht.

Später ist sie nach Hause gegangen, ohne an _________________ Tasche

und an _______________ Block zu denken.

Deshalb nehme ich heute _____________ Sachen alle mit in die Schule.

ieh für den langen i-Laut

Basisschreibung ist **ie**

Das h wird nicht gesprochen.

anziehen
er/sie/es zieht an
zog an
angezogen

ausziehen
er/sie/es zieht aus
zog aus
ausgezogen

befiehlt (befehlen, er/sie/es befiehlt, befahl, befohlen)

Beziehung, die — die Beziehungen

empfiehlt (empfehlen, er/sie/es empfiehlt, empfahl, empfohlen)

Erzieher, der — die Erzieher

Erzieherin, die — die Erzieherinnen

fliehen
er/sie/es flieht
floh
geflohen

geschieht (geschehen, er/sie/es geschieht, geschah, geschehen)

lieh (leihen, er/sie/es leiht, lieh, geliehen)

sieh (sehen, er/sie/es sieht, sah, gesehen)

siehst (du siehst → sehen, er/sie/es sieht, sah, gesehen)

sieht (sehen, er/sie/es sieht, sah, gesehen)

sieht aus (aussehen (aus + sehen) er/sie/es sieht aus, sah aus, ausgesehen)

sieht fern (fernsehen, er/sie/es sieht fern, sah fern, ferngesehen)

stiehlt (stehlen, er/sie/es stiehlt, stahl, gestohlen)

verzieh (verzeihen, er/sie/es verzeiht, verzieh, verziehen)

Vieh, das — kein Plural

ziehen
er/sie/es zieht
zog
gezogen

Häufige Wörter mit ieh in Kindertexten

er, sie, es **sieht** du **siehst**	**ziehen**	**fliehen**	**geschieht**

Übungen: ieh für den langen i-Laut

10. Suche alle Verben (in der Grundform, also mit der Endung -en) aus der ieh-Liste heraus und trage sie hier ein.

anziehen, ______________________________

____

Merkvers zum seltenen ieh

Das geliehene Vieh sieht, zieht, wiehert und flieht.

eh für den langen e-Laut

die Basisschreibung ist **e**

Das h wird nicht gesprochen.

achtzehn (acht + zehn)
und alle weiteren Zahlen, die auf – zehn enden

achtzehnter, achtzehnte, achtzehntes

anlehnen
er/sie/es lehnt an
lehnte an
angelehnt

annehmen (an + nehmen)
er/sie/es nimmt an
nahm an
angenommen

aufstehen
er/sie/es steht auf
stand auf
aufgestanden

auf Wiedersehen

aus Versehen

ausgehen
er/sie/es geht aus
ging aus
ausgegangen

aussehen (aus + sehen)
er/sie/es sieht aus
sah aus
ausgesehen

Befehl, der — die Befehle

befehlen
er/sie/es befiehlt
befahl
befohlen

begehren
er/sie/es begehrt
begehrte
begehrt

bestehen
er/sie/es besteht
bestand
bestanden

dehnen
er/sie/es dehnt
dehnte
gedehnt

drehen
er/sie/es dreht
drehte
gedreht

dreizehn 10 + 3

dreizehnter, dreizehnte, dreizehntes

ehe — eher — am ehesten

Ehe, die — die Ehen

Ehre, die — selten: die Ehren

ehren
er/sie/es ehrt
ehrte
geehrt (ge + ehrt)

ehrlich — ehrlicher — am ehrlichsten

eingehen
er/sie/es geht ein
ging ein
eingegangen

empfehlen
er/sie/es empfiehlt
empfahl
empfohlen

fehlen
er/sie/es fehlt
fehlte
gefehlt

Fehler, der — die Fehler

fehlerfrei

fernsehen
er/sie/es sieht fern
sah fern
ferngesehen

Fernseher, der — die Fernseher

Feuerwehr, die — die Feuerwehren

fünfzehn

fünfzehnter, fünfzehnte, fünfzehntes

geehrt → ehren

gehen
er/sie/es geht
ging
gegangen

geschehen
er/sie/es geschieht
geschah
geschehen

Heimweh, das — kein Plural

herausgehen
er/sie/es geht heraus
ging heraus
herausgegangen

hereingehen
er/sie/es geht herein
ging herein
hereingegangen

Kehle, die — die Kehlen

kehren
er/sie/es kehrt
kehrte
gekehrt

Lehm, der — selten Plural

Lehne, die — die Lehnen

lehnen
er/sie/es lehnt
lehnte
gelehnt

Lehre, die — die Lehren

lehren
er/sie/es lehrt
lehrte
gelehrt

Lehrer, der — die Lehrer

Lehrerin, die — die Lehrerinnen

Mehl, das

mehr

mehrere

mehrmals

mitnehmen
er/sie/es nimmt mit
nahm mit
mitgenommen

nehmen
er/sie/es nimmt
nahm
genommen

neunzehn

neunzehnter, neunzehnte, neunzehntes

nunmehr

Reh, das — die Rehe

reingehen → hereingehen

sechzehn

sechzehnter, sechzehnte, sechzehntes

sehen
er/sie/es sieht
sah
gesehen

Sehne, die — die Sehnen

sehnen (sich)
er/sie/es sehnt (sich)
sehnte (sich)
(sich) gesehnt

sehr

siebzehn

siebzehnter, siebzehnte, siebzehntes

spazieren gehen
er/sie/es geht spazieren
ging spazieren
spazieren gegangen

stehen
er/sie/es steht
stand
gestanden

stehlen
er/sie/es stiehlt
stahl
gestohlen

umkehren
er/sie/es kehrt um
kehrte um
umgekehrt

Verkehr, der — selten: die Verkehre

Versehen das — die Versehen

verstehen
er/sie/es versteht
verstand
verstanden

vielmehr

vierzehn

vierzehnter, vierzehnte, vierzehntes

weggehen (weg + gehen)
er/sie/es geht weg
ging weg
weggegangen

wegnehmen
er/sie/es nimmt weg
nahm weg
weggenommen
(weg + genommen)

weh (weh tun)

wehen
er/sie/es weht
wehte
geweht

wehren (sich)
er/sie/es wehrt sich
wehrte sich
sich gewehrt

wehtun
er/sie/es tut weh
tat weh
wehgetan

weitergehen
er/sie/es geht weiter
ging weiter
weitergegangen

Wiedersehen, das — die Wiedersehen

Wiedersehen, auf

Zeh, der (auch: Zehe, die — die Zehen

zehn 10

zehntausend

zehnte

zehnter, zehnte, zehntes

Es gibt viele Verben, die man mit eh schreiben muss!

Ein eh-Merkspruch: Das ist wirklich klar:
gehen, sehen, stehen schreib ich mit e h.

Häufige Wörter mit eh in Kindertexten

gehen wir gehen	sehr	sehen wir sehen	mehr
stehen wir stehen	der/die Lehrer/in lehren	nehmen wir nehmen	zehn
drehen wir drehen	die Feuerwehr wehren	der Fehler fehlen	kehren wir kehren

Übungen: **eh für den langen e-Laut**

11. Finde weitere Wörter mit EH. Schreibe sie noch einmal auf.

S EH E N ______ sehen ______
G EH _ _ ____________
S T EH _ _ ____________
D R EH _ _ ____________
F EH L E N ____________
N EH M _ _ ____________
S EH N _ _ ____________

12. Schreibe immer die Einzahl (den Singular) auf.

die Lehrerzimmer ______ das Lehrerzimmer ______ die Feuerwehren ____________
die Gehwege ____________ die Rückkehrer ____________
die Fernseher ____________ die Kehrmaschinen ____________
die Drehscheiben ____________ die Lehrstellen ____________

13. Bilde die unregelmäßigen Zeitformen: Heute sehe ich. Gestern sah ich.

nehmen:
Heute ____________ wir ein Buch mit. Gestern ____________ wir zwei Bücher mit.
sehen:
Heute ____________ wir die Leute. Gestern ____________ wir die Kinder.
gehen:
Heute ____________ wir schneller. Gestern ____________ wir langsam.
stehen:
Heute ____________ wir in der Sonne. Gestern ____________ wir im Regen.

14. Findest du Verben (Zeit- oder Tätigkeitswörter) mit eh, die zu den Nomen (Namenwörtern) passen?
Beispiel: der Stand stehen

der Gang ______
die Sicht ______
der Stand ______
der Lehrer ______
der Fehler ______

15. Fülle die Tabelle aus:

gehen	ich gehe	du gehst	er, sie, es geht
stehen	ich	du	er, sie, es
fehlen	ich	du	er, sie, es
verstehen	ich	du	er, sie, es
drehen	ich	du	er, sie, es
nehmen	ich	du mit i	er, sie, es mit i
sehen	ich	du mit ieh	er, sie, es mit ieh

16. Welche verwandten Wörter findest du?

Verben (Zeitwörter)	Nomen (Substantive, Namenwörter)	Adjektive (Wiewörter)
sehen	die Sicht, das Sehen	sichtbar
verstehen	______	______
gehen	______	______
stehen	______	______
ehren	______	______
abnehmen	______	______

17. Was reimt sich auf sehen und auf kehren ?

s ehen
st ______
fl ______
dr ______

k ehren
w ______
l ______
aber: leeren (wir leeren den Eimer aus)

18. Welche Wörter haben sich hier (waagrecht und senkrecht) versteckt? Es sind elf Wörter. Schreibe sie alle auf:

die Zehe, ______________________________

____

____

	Z	EH	E	L	
R	EH		L	EH	M
	N	M	EH	R	S
EH	EH	E	R	E	EH
E	G	EH	E	N	R

19. Finde möglichst viele Verben, Nomen und Adjektive mit eh. Schau in der eh-Liste nach. Adjektive gibt es in der eh-Liste nur zwei, daher werden hier Zahlwörter gesucht.
Beispiel: anlehnen auf Wiedersehen achtzehn

Verben (Zeit-, Tätigkeitswörter)	Nomen (Namenwörter, Substantive)	Zahlwörter
anlehnen		

20. Welche Wörter kennst du mit: nehmen?
Suche sie aus der eh-Liste heraus und schreibe sie hier auf.
Beispiel: abnehmen, benehmen

21. Wie häufig schreibt man eigentlich ee, wenn man ein langes **e** hört?
Die Antwort lautet:

für den langen e-Laut schreibt man
(Thomé, Thomé 2023, S. 108, gerundete Werte)

e	in 86 %	aller Fälle
eh	in 13 %	aller Fälle
ee	in 1 %	aller Fälle

Trage die folgenden Wörter in drei Türme ein: er, der, den, das Pferd, das Leben, Schnee, legen, Regen, werden, gehen, wer, sehen

der große e-Turm | der kleine eh-Turm | das sehr kleine ee-Türmchen

ee für den langen e-Laut

Basisschreibung ist **e**

Beere, die	die Beeren
Beet, das	die Beete
Erdbeere, die	die Erdbeeren
Heer, das	die Heere
Idee, die (FW)	die Ideen
Kaffee, der (FW)	die Kaffees
Klee, der	selten Plural
leer (Steigerung ist unüblich)	
leeren	
er/sie/es leert, leerte, geleert	

Meer, das	die Meere
Moschee, die (FW)	die Moscheen
Schnee, der	selten Plural
See, der	die Seen
Seele, die	die Seelen
Speer, der	die Speere
Spree, die (Eigenname, der Fluss)	
Tee, der (FW)	selten Plural
Teer, der	selten Plural
verheerende (→ das Heer)	verheerenden, verheerender

Häufige ee-Wörter in Kindertexten: der Schnee, der See, das Meer, die Idee, die Fee, leer/leeren, der Kaffee, die Moschee, der Tee

Übungen: ee für den langen e-Laut

22. Bilde weitere Wörter mit ee. Schreibe sie hier auf oder in dein Heft.
    Beispiel: der Teer   teeren, die Teermaschine, die Teermischung

die Beere ______________________________

das Beet ______________________________

die Fee ______________________________

der Klee ______________________________

leer ______________________________

das Meer ______________________________

der Schnee ______________________________

der See ______________________________

der Tee ______________________________

23. Schreibe eine kleine Geschichte mit ee-Wörtern in dein Heft.

Beispiel: Eine kleine Fee sitzt gerne im Klee. Sie trinkt einen Tee. Dann ...

die Beeren, das Beet, die Fee, das Meer, der See, der Tee

ah für den langen a-Laut

Basisschreibung ist a

Das h wird nicht gesprochen.

Ahn, der (ein Vorfahre) — die Ahnen
ahnen
er/sie/es ahnt
ahnte
geahnt
Ahnung, die — die Ahnungen
Annahme, die (An+nahme) — die Annahmen
Anzahl, die — die Anzahlen
Aufnahme, die — die Aufnahmen
Ausnahme, die — die Ausnahmen
Bahn, die — die Bahnen
befahl (befehlen, er/sie/es befiehlt, befahl, befohlen)
beinah(e)
bezahlen → zahlen
er/sie/es bezahlt
bezahlte
bezahlt
Draht, der — die Drähte
Eisenbahn, die — die Eisenbahnen
empfahl (empfehlen, er/sie/es empfiehlt, empfahl, empfohlen)
erfahren
er/sie/es erfährt
erfuhr
erfahren
Erfahrung, die — die Erfahrungen
Fahne, die — die Fahnen
Fahndung, die — die Fahndungen
fahren
er/sie/es fährt
fuhr
gefahren
Fahrer, der — die Fahrer
Fahrerin, die — die Fahrerinnen
Fahrrad, das (Fahr+rad) — die Fahrräder
Fahrt, die — die Fahrten
Gefahr, die — die Gefahren
gefahren → fahren
Gemahl, der — selten Plural
Gemahlin, die — die Gemahlinnen
geschah (geschehen, er/sie/es geschieht, geschah, geschehen)
Hahn, der — die Hähne

Jahr, das — die Jahre
Jahrhundert, das — die Jahrhunderte
kahl — kahler — am kahlsten
Kahn, der — die Kähne
lahm — lahmer — am lahmsten
Lahn, die (Eigenname, der Fluss)
Mahl, das (das Essen, die Mahlzeit) selten Plural
mahlen (= Körner mahlen)
er/sie/es mahlt
mahlte
gemahlen
mahnen
er/sie/es mahnt
mahnte
gemahnt
mitfahren
er/sie/es fährt mit
fuhr mit
mitgefahren
nachahmen
er/sie/es ahmt nach
ahmte nach
nachgeahmt
nah — näher — am nächsten
Nahrung, die (→ ernähren) die Nahrungen
Naht, die — die Nähte
nahm (nehmen, er/sie/es nimmt, nahm, genommen)
nahm an (an+nehmen, er/sie/es nimmt an, nahm an, angenommen)
nahm mit (mitnehmen, er/sie/es nimmt mit, nahm mit, mitgenommen)
nahm weg (wegnehmen, er/sie/es nimmt weg, nahm weg, weggenommen) (weg+genommen)
prahlen
er/sie/es prahlt
prahlte
geprahlt
Rahm, der — kein Plural
Rahmen, der — die Rahmen
sah (sehen, er/sie/es sieht, sah, gesehen)
sah aus (aussehen (aus+sehen), er/sie/es sieht aus, sah aus, ausgesehen)

sahfern (fernsehen, er/sie/es sieht fern, sah fern, ferngesehen)
Sahne, die — die Sahnen
stahl (stehlen, er/sie/es stiehlt, stahl, gestohlen)
Strahl, der — die Strahlen
strahlen
er/sie/es strahlt
strahlte
gestrahlt
verfahren (sich)
er/sie/es verfährt (sich)
verfuhr (sich)
(sich) verfahren
Vorfahre, der — die Vorfahren
Vorfahrt, die — die Vorfahrten

Wahl, die — die Wahlen
Wahn, der — selten Plural
wahr (= es ist wahr, es stimmt)
Wahrheit, die — die Wahrheiten
wahrscheinlich — wahrscheinlicher, am wahrscheinlichsten
Wasserhahn, der — die Wasserhähne
Zahl, die — die Zahlen
zahlen
er/sie/es zahlt
zahlte
gezahlt
Zahlung, die — die Zahlungen
zahm — zahmer — am zahmsten
Zahn, der — die Zähne
Zahnbürste, die — die Zahnbürsten

Ein ah-äh-Merkspruch: Die erfahrenen Gefährten fahren
mit der Fähre in gefährliche Gefahren.

Häufige Wörter mit ah in Kindertexten

das Jahr	die Fahrt, fahren Fahrrad	er, sie, es sah	wir nahmen
die Zahl bezahlen	die Bahn	es geschah	es ist wahr die Wahrheit
der Hahn	die Ahnung wir ahnen	der Zahn	er, sie, es befahl
die Fahne	die Gefahr	die Strahlen strahlen	nah nahe

Übungen: ah für den langen a-Laut

24. Suche häufige Wörter mit ah. Wie oft kommen sie in der ah-Liste vor? Zähle nur die grauen Wortbausteine, aber alle Wiederholungen.
Beispiel: Jahr: II

Fahr/fahr: ________ Nahm/nahm: ________
Zahl/zahl: ________ Zahn/zahn: ________

25. Schreibe immer den Singular (die Einzahl) auf.
Beispiel: die Jahre das Jahr

die Fahrräder	______	die Fahrzeuge	______
die Zahnradbahnen	______	die Bahnhöfe	______
die Radbahnen	______	die Zahnspangen	______
die Jahreszeiten	______	die Ausnahmen	______
die Sonnenstrahlen	______	die Vorfahren	______

26. Kennst du eine Pflanze, die mit einem Tiernamen anfängt und mit -zahn aufhört?

der ______

27. Findest du verwandte Verben (Zeit-, Tätigkeitswörter) mit ah
Beispiel: die Fahrt — fahren

	mit ah		mit äh
die Zahl	be-______	die Zahl	______
der Zahn	______	die Wahl	______
die Erfahrung	______	die Naht	______
die Ahnung	______	die Nahrung	______
die Strahlen	______	______	______

28. Steigere die Adjektive (Wiewörter).
Beispiel: hohl hohler am hohlsten

Grundform	1. Steigerungsstufe	2. Steigerungsstufe
wahrscheinlich	wahrscheinlicher	am
lahm		
nah	hier mit äh !	hier mit ch !
fahl		
zahm		
kahl		

29. Aus eh wird ah! Bilde die Vergangenheitsform von: nehmen und sehen

Heute nehmen wir ein anderes Essen. Gestern ______________ wir ein anderes Essen.

Heute sehen wir uns einen Film an. Gestern ______________ wir uns einen Film an.

30. Wortbaustein-Puzzle: Bilde möglichst viele Wörter mit den Bausteinen.
Manchmal kannst du auch äh einsetzen.
Beispiel: AB – FAHR – T: die Abfahrt oder abfahren

AN		EN	______________
AB			______________
BE		LICH	______________
GE			______________
MIT		LOS	______________
ÜBER	FAHR		______________
UN GE		T	______________
VOR			______________
VER		RAD	______________
WEG			______________
ZER		ZEUG	______________

31. Teekesselchen-Spiel: Wörter mit ah, die gleich klingen.
Das Spiel wird mit einer Gruppe gespielt.
Zwei Spieler verabreden leise, wer welches Teekesselchen-Wort den anderen vorstellt. Eine sagt z. B.: „Mein Teekesselchen ist selten bunt", und meint den Wasserhahn. Der andere sagt: „Mein Teekesselchen ist fast immer bunt", und meint damit das Tier. So geht es hin und her, bis jemand aus der Gruppe das Wort mit den zwei Bedeutungen erraten hat. Dann das Wort aufschreiben.

der Hahn 1. ein Wasserhahn und 2. ein Tier
der Zahn 1. ein Zahn im Mund und 2. Teile eines Zahnrads

32. Fülle die Tabelle aus:

bezahlen	ich bezahle	du bezahlst	er, sie, es bezahlt
prahlen	ich	du	er, sie, es
strahlen			
fahren		du fährst !	!
erfahren		!	!

33. Sortiere diese Wörter in die richtigen Schränke ein.

das Jahr	Jahreszeit	der Kahn	das Jahrhundert
die Bahn	das Fahrrad	das Fahrzeug	das Frühjahr

FAHRZEUGE ______________

____

____

____

____

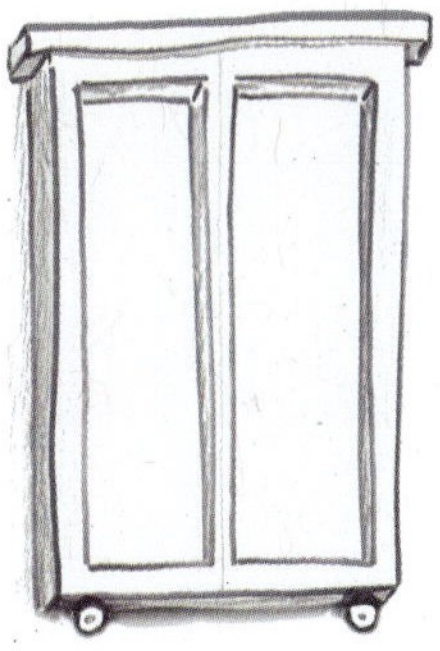

ZEITEN ______________

____

____

____

____

34. Kannst du diese zwei Wörter aufteilen und begründen, warum einmal ah und einmal a geschrieben werden muss?

die Nachnahme	der Nachname
besteht aus: ______________ ______________	besteht aus: ______________ ______________
-nahme wegen: ______________	-name wegen: ______________

Unterstreiche -nahme auch hier: die Ausnahme, teilnahmslos, teilnahmsvoll

35. Wie häufig schreibt man eigentlich ah, wenn man ein langes **a** hört? Die Antwort lautet: **Häufig ist** a, dann folgt mit großem Abstand ah und ganz selten ist aa. Trage die folgenden Wörter in die drei Türme ein: haben, nach, das Haar, das Jahr, sagen, waren, der Tag, fahren, fragen, da, der Name, der Wagen.

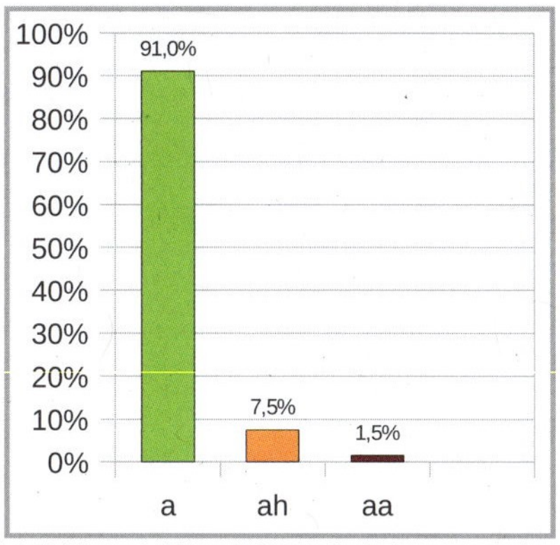

(nach Thomé, Thomé 2023, S. 108, gerundet)

____

____

____

____

____

____

____

______________ ______________

______________ ______________ ______________

der große a-Turm | der kleine ah-Turm | das Türmchen mit aa

aa für den langen a-Laut

Basisschreibung ist a

Aal, der	die Aale	Saal, der	die Säle (nur ä)
Aas, das	selten die Aase	Saale (Eigenname, der Fluss)	
Haar, das (Verkleinerung: die Härchen)	die Haare	Saar (Eigenname, der Fluss)	
		Saarland (Eigenname, die Saar)	
paar		Saat, die	die Saaten
Paar, das (Verkleinerung: die Pärchen)	die Paare	Staat, der	die Staaten
		Waage, die	die Waagen

Häufige Wörter mit aa in Kindertexten: paar, das Haar, das Paar, der Saal

Übungen: aa für den langen a-Laut

36. Was könnte das sein? Zwei Rätsel mit Wörtern mit doppelt-a für dich:

    1. Es wächst jeden Tag ein kleines Stückchen.
       Es kann braun, rot, schwarz, weiß oder hell sein.
       Es fängt mit dem Buchstaben H an und wächst auf dem Kopf.

       Es ist das ______________________ .

    2. Es ist ein Gegenstand, auf den du dich stellen kannst.
       Du erfährst etwas über deinen Körper.
       Manche mögen es gerne, manche nicht.

       Es ist die ______________________.

37. Teekesselchen-Spiel (zur Beschreibung siehe Aufgabe 31)
    die Waage   1. eine Wasserwaage und 2. das Sternzeichen Waage

38. Bilde viele verwandte Wörter. Schreibe sie hier auf oder in dein Heft.
    Beispiel: Aal   aalglatt, Aalbrötchen, Aalfang, Aalräucherei

das Haar ____

das Paar ____

der Saal ____

die Saat ____

der Staat ____

die Waage ____

oh für den langen o-Laut

Basisschreibung ist **o**

Das h wird nicht gesprochen.

befohlen (befehlen, er/sie/es befiehlt, befahl, befohlen)
belohnen
er/sie/es belohnt
belohnte
belohnt
Belohnung, die — die Belohnungen
Bohne, die — die Bohnen
bohren
er/sie/es bohrt
bohrte
gebohrt
Bohrer, der — die Bohrer
drohen
er/sie/es droht
drohte
gedroht
Drohne, die — die Drohnen
empfohlen (empfehlen, er/sie/es empfiehlt, empfahl, empfohlen)
floh (fliehen, er/sie/es flieht, floh, geflohen)
Floh, der — die Flöhe
Fohlen, das (junges Pferd) — die Fohlen
froh — froher — am froh(e)sten
geflohen (fliehen, er/sie/es flieht, floh, geflohen)

gestohlen (stehlen, er/sie/es stiehlt, stahl, gestohlen)
hohe → hoher
hoher — hohe — hohes
hohl — hohler — am hohlsten
Kohl, der — selten Plural
Kohle, die — die Kohlen
Lohn, der — die Löhne
lohnen (sich)
er/sie/es lohnt (sich)
lohnte (sich)
(sich) gelohnt
obwohl
ohne
Ohr, das — die Ohren
roh — roher — am roh(e)sten
Rohr, das — die Rohre
Sohle, die — die Sohlen
Sohn, der — die Söhne
sowohl
Stroh, das
wohl — wohler — am wohlsten
wohnen
er/sie/es wohnt
wohnte
gewohnt
Wohnung, die — die Wohnungen
Wohnzimmer, das — die Wohnzimmer

Ein oh-Merkspruch: Auf leisen Sohlen haben Dohlen
Kohl und Kohlen aus der Wohnung gestohlen.

Häufige Wörter mit oh in Kindertexten

die Wohnung wohnen	froh	der Sohn	(un-)wohl obwohl
ohne	gestohlen	die Belohnung (be-)lohnen	das Ohr

Übungen: oh für den langen o-Laut

39. Füge den Wortstamm wohn (auch wöhn) in die folgenden Sätze ein:
Beispiel: Wir haben eine neue _Wohnung_

Gestern sind wir in eine neue ____________ gezogen.
Vorher haben wir in der Hauptstraße ge____________ .
Jetzt ____________ wir in der Karlstraße.
Wir haben ein Schlafzimmer, ein Kinderzimmer und
ein ____________zimmer.
An die neue ____________ müssen wir uns noch
ge____________ . Alles ist neu und unge____________ .
____________raum haben wir jetzt genug.

40. Finde Reimwörter mit oh. Manche stehen in der oh-Liste.

der H ohn	die B ohne
der S ____________	die Dr ____________
der L ____________	die K ohle
der M ____________	die S ____________

41. Sortiere diese acht Wörter in die richtigen Kästen:

die Bohnen der Bohrer die Bohrmaschine der Rotkohl
der Kohlrabi die Rohrzange die Kaffeebohnen der Ohrenschützer

WERKZEUGE	LEBENSMITTEL
der B ____________	die B ____________
____________	____________
____________	____________
____________	____________

42. Was gehört zusammen? Verbinde die passenden Wörter mit Strichen.
Beispiel: ein Rohr —— und eine Zange

ein Fohlen	und ein Schuh
ein Ohr	und ein Lied
ein Ohrwurm ;)	und ein Pferd
eine Sohle	und ein Kopf
ein Sohn	und ein Essen
ein Kohl	und eine Tochter

Schreibe alles in dein Heft: ein Fohlen und ein ______________________

43. Steigere diese Adjektive (Wiewörter).
Beispiel: hohl hohler am hohlsten

Grundform	1. Steigerungsstufe	2. Steigerungsstufe
hohl		
wohl		
froh		
roh		
wohnlich		

44. Bilde Wörter mit WOHL. Schreibe alle hier auf oder in dein Heft.
Beispiel: jawohl, obwohl

ja		befinden	______________
ob		fühlen	______________
so	WOHL	ig	______________
Menschen		stand	______________
Tier		wollen	______________
un		sein	______________
Un		tat	______________

45. Finde weitere Wörter mit OH.

	H	OH	L	(etwas ist hohl)	der			S	OH	N
	W	OH	_	(das ist wohl so)	der			L	OH	_
der	K	OH	_			B	E	L	OH	_ _ _
die	D	OH	_	E (ein Krähenvogel)	die	B	E	L	OH	_ _ NG
das	F	OH	_	_ _					OH	_ E
die	S	OH	_	_ _	die				OH	_ M _ CH _

oo für den langen o-Laut

Basisschreibung ist **O**

B oo t, das	die B oo t e	M oo r, das	die M oo r e
d oo f (umgangssprachlich)	d oo f er am d oo f s t e n	M oo s, das	die M oo s e
		Z oo, der (FW)	die Z oo s

Häufige oo-Wörter in Kindertexten: das Boot, doof, der Zoo

Übungen: oo für den langen o-Laut

46. Male ein „Doof-Männlein".
Dann kannst du dir
das Wort bestimmt gut merken.

Genauso kannst du dir mit einem „Cool-Männlein" das englische Wort *cool* gut merken:

47. Bilde weitere Wörter mit oo.
Beispiel: Moor — moorig, der Moorboden, die Moorerde, das Moorhuhn

Boot ______________________________

Moos ______________________________

Zoo ______________________________

48. Teekesselchen-Spiel (zur Beschreibung siehe Aufgabe 31)
das Moos 1. ein Gewächs und 2. umgangssprachlich: Geld

üh für den langen ü-Laut

Basisschreibung ist Ü

Das h wird nicht gesprochen.

Ausführung, die — die Ausführungen
ausführen
er/sie/es führt aus
führte aus
ausgeführt
ausgeführt → ausführen
berühmt — berühmter — am berühmtesten
blühen (aber: die Blüte, ohne üh)
er/sie/es blüht
blühte
geblüht
Brühe, die — die Brühen
brühen
er/sie/es brüht
brühte
gebrüht
Bühne, die — die Bühnen
früh — früher — am früh(e)sten
Frühling, der
Frühstück, das — die Frühstücke
frühstücken
er/sie/es frühstückt
frühstückte
gefrühstückt
fühlen
er/sie/es fühlt
fühlte
gefühlt
führen
er/sie/es führt
führte
geführt
Führung, die — die Führungen

Gefühl, das — die Gefühle
geführt → führen
glühen (aber: die Glut, ohne uh)
er/sie/es glüht
glühte
geglüht
Hühner, die (Plural) — Huhn, das
Kühe, die (Plural) — Kuh, die
kühl — kühler — am kühlsten
kühlen
er/sie/es kühlt
kühlte
gekühlt
Kühlschrank, der — die Kühlschränke
Mühe, die — die Mühen
mühen sich
er/sie/es müht sich
mühte sich
sich gemüht
Mühle, die — die Mühlen
rühren (sich)
er/sie/es rührt (sich)
rührte (sich)
(sich) gerührt
sprühen
er/sie/es sprüht
sprühte
gesprüht
Stühle, die (Plural) — Stuhl, der
wühlen
er/sie/es wühlt
wühlte
gewühlt

Häufige Wörter mit üh in Kindertexten

fühlen	früh Frühstück, -jahr Frühling	die Kühe	die Hühner
führen	berühmt	die Stühle	kühl

Übungen: üh für den langen ü-Laut

49. Schreibe immer den Singular (die Einzahl) auf.
Beispiel: die Mühen die Mühe

die Rührkuchen	______	die Kühlschränke	______
die Hühnerställe	______	die Mühlräder	______
die Frühstückseier	______	die Bühnenbilder	______
die Bauernstühle	______	die Führerscheine	______

50. Steigere die Adjektive (Wiewörter). Suche sie in der üh-Liste.
Beispiel: berühmt berühmter am berühmtesten

Grundform	1. Steigerungsstufe	2. Steigerungsstufe
kühl		
früh		

51. Teekesselchen-Spiel (zur Beschreibung siehe Aufgabe 31)
die Mühle 1. eine Windmühle, 2. ein Brettspiel und
3. umgangssprachlich: ein Motorrad

52. Üben mit einem Partner oder mit einer Partnerin.
Suche dir ein Wort aus der üh-Liste aus.
Dein Partner oder deine Partnerin soll nun den Plural (die Mehrzahl) oder eine Verlängerung bilden und aufschreiben.

Dann wird kontrolliert und die Rollen werden getauscht.
Beispiele: die Mühle die Mühlen oder früh früher am früh(e)sten

53. Sortiere diese Wörter in die richtigen Kästen:

die Brühe	die Kühe	die Hühner
das Rührei	das Kühlhaus	der Hühnerhabicht
der Hühnerstall	das Frühstück	die Mühle

TIERE	GEBÄUDE	ESSEN
______	______	______
______	______	______
______	______	______

äh für den langen ä-Laut

Basisschreibung ist **ä**

Das h wird nicht gesprochen.

ähnlich — ähnlicher — am ähnlichsten
allmählich — allmählicher — am allmählichsten
erfährt (erfahren, er/sie/es erfährt, erfuhr, erfahren)
ernähren (sich)
er/sie/es ernährt (sich)
ernährte (sich)
(sich) ernährt
erzählen
er/sie/es erzählt
erzählte
erzählt
Erzählung, die — die Erzählungen
Fähre, die (ein Schiff) — die Fähren
fährt (fahren, er/sie/es fährt, fuhr, gefahren)
fährt mit (mitfahren, er/sie/es fährt mit, fuhr mit, mitgefahren)
gähnen
er/sie/es gähnt
gähnte
gegähnt
gefährlich — gefährlicher — am gefährlichsten
Hähne, die (Plural) — Hahn, der
Kähne, die (Plural) — Kahn, der
krähen
er/sie/es kräht
krähte
gekräht

mähen
er/sie/es mäht
mähte
gemäht
Nähe, die (→ näher) selten Plural
näher (nah — näher — am nächsten)
nähen
er/sie/es näht
nähte
genäht
nähren (sich)
er/sie/es nährt (sich)
nährte (sich)
(sich) genährt
Nähte, die (Plural) — Naht, die
ungefähr
ungefährlich — ungefährlicher — am ungefährlichsten
verfährt (verfahren, er/sie/es verfährt, verfuhr, verfahren)
wählen
er/sie/es wählt
wählte
gewählt
während (wegen: es währt, es dauert lange)
währenddessen (während + dessen)
Wasserhähne, die (Plural) — Wasserhahn, der
zäh — zäher — am zäh(e)sten
zählen (wegen: die Zahl)
er/sie/es zählt
zählte
gezählt
Zähne, die (Plural) — Zahn, der

Häufige Wörter mit äh in Kindertexten

er, sie, es fährt du fährst	erzählen die Erzählung	die Nähe näher	ungefähr ungefährlich
die Fähre	die Zähne	während	gefährlich

Übungen: **äh für den langen ä-Laut**

54. Suche häufige Wörter mit äh. Wie oft kommen sie in der äh-Liste vor? Zähle nur die grauen Wortbausteine, aber auch alle Wiederholungen.
    Beispiel: nähr: II

    Fähr/fähr: ______________ zähl: ______________ (auch mit Er-/er-)

55. Steigere die Adjektive (Wiewörter).
    Beispiel: hohl hohler am hohlsten

Grundform	1. Steigerungsstufe	2. Steigerungsstufe
gefährlich		
zäh		
nah hier mit ah	hier mit äh !	hier mit ch !
ähnlich		

56. Findest du Verben mit **äh**, die zu den Nomen passen?
    Beispiel: die Zahl zählen

Verben mit äh:

die Zahl ______________

die Naht ______________

die Wahl ______________

die Nahrung ______________

57. Suche Reimwörter mit äh. Du findest sie auch in der äh-Liste.

krähen

m ______________

n ______________

aber nicht: säen

zählen

w ______________

die Mähne

die Z ______________

58. Einmal ah, dann äh. Fülle die Tabelle aus:

fahren	ich fahre	du fährst	er, sie, es fährt
erfahren	ich	du	er, sie, es
befahren	ich	du	er, sie, es

uh für den langen u-Laut

Basisschreibung ist **U**

Das h wird nicht gesprochen.

Aufruhr, der		selten Plural
Ausfuhr, die		die Ausfuhren
erfuhr	(erfahren, er/sie/es erfährt, erfuhr, erfahren)	
fuhr	(fahren, er/sie/es fährt, fuhr, gefahren)	
fuhr mit	(mitfahren, er/sie/es fährt mit, fuhr mit, mitgefahren)	
Hausschuh, der (Haus + schuh)		die Hausschuhe
Huhn, das		die Hühner
Kuh, die 		die Kühe

Ruhe, die		kein Plural
ruhen	er/sie/es ruht ruhte geruht	
ruhig	ruhiger	am ruhigsten
Ruhm, der		kein Plural
Ruhr (Eigenname der Fluss, daher: das Ruhrgebiet)		
Schuh, der		die Schuhe 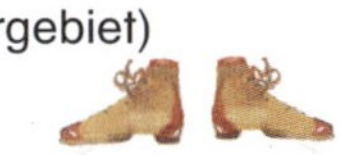
Stuhl, der		die Stühle
Uhr, die		die Uhren
verfuhr	(verfahren, er/sie/es verfährt, verfuhr, verfahren)	

Häufige Wörter mit uh in Kindertexten

die Uhr	fuhren	die Ruhe ruhig	der Schuh
die Kuh	der Stuhl	das Huhn	muhen

Übungen: uh für den langen u-Laut

59. Finde weitere Wörter mit UH.

die	K	UH		die			UH	R
der	SCH	UH		er		F	UH	_
die	SCH	UH	_	die	AU S	F	UH	_
die	R	UH	_	wir		F	UH	_ _ _
die	K	UH	L _	die			UH	_ _ _

60. Bilde weitere Wörter mit uh.
Beispiel: die Ruhe ausruhen, beruhigend

die Ruhe ______________________

die Uhr ______________________

die Kuh ______________________

der Schuh ______________________

61. Was passt zusammen? Verbinde die Wörter mit Strichen.
Beispiel: ein Stuhl —— und ein Tisch

eine Kuh	und eine Einfuhr
ein Huhn	und eine Sohle
eine Uhr	und ein Kalb
eine Ausfuhr	und ein Hahn
ein Schuh	und ein Armband

Schreibe alles auf:
eine Kuh und ein ______________________

62. Sortiere diese Wörter in die richtigen Kästen:

der Schuh	die Kuh	der Stuhl	das Huhn
die Uhr	der Kuhstall	die Truhe	das Schuhgeschäft

TIERE	GEGENSTÄNDE	GEBÄUDE

öh für den langen ö-Laut

Basisschreibung ist Ö

Das h wird nicht gesprochen.

aushöhlen (von: hohl)
er/sie/es höhlt aus
höhlte aus
ausgehöhlt

fröhlich (wegen: froh)
fröhlicher
am fröhlichsten

Fröhlichkeit, die — selten Plural

gewöhnen (sich)
er/sie/es gewöhnt (sich)
gewöhnte (sich)
(sich) gewöhnt

gewöhnlich

Höhe, die — die Höhen

höher (hoch, höher, am höchsten)

Höhle, die — die Höhlen

höhnen
er/sie/es höhnt
höhnte
gehöhnt

Löhne, die (Plural) — Lohn, der

Möhre, die (Mohrrüben, Wurzeln) die Möhren

Söhne, die (Plural) — Sohn, der

stöhnen
er/sie/es stöhnt
stöhnte
gestöhnt

Röhre, die — die Röhren

Häufige öh-Wörter in Kindertexten: fröhlich, die Höhe/höher, Höhle/ausgehöhlt

Übungen: öh für den langen ö-Laut

63. Suche alle sieben Nomen aus der öh-Liste heraus und schreibe sie auf.
Beispiel: die Fröhlichkeit

64. Steigere die Adjektive (Wiewörter).
Beispiel: ausgehöhlt ausgehöhlter am ausgehöhltesten

Grundform	1. Steigerungsstufe	2. Steigerungsstufe
fröhlich		
hoch (!)		(!)

65. Finde weitere Wörter mit ÖH. Schreibe sie auch in dein Heft.

ST ÖH NEN		die	L ÖH NE
DR ÖH _ _ _		die	S ÖH _ _
GEW ÖH _ _ _		die	H ÖH E
VERW ÖH _ _ _		die	FL ÖH _
VERH ÖH _ _ _		die	H ÖH _ _ _

eih für den langen ei-Laut

Basisschreibung ist **ei**

Das h wird nicht gesprochen.

ei n r eih e n (sich)
er/sie/es r eih t (sich) ei n
r eih t e (sich) ei n
(sich) ei n g e r eih t

l eih e n
er/sie/es l eih t
l ieh
g e l ieh e n

G e w eih, das — die G e w eih e
R eih e, die — die R eih e n
v e r z eih e n
er/sie/es v e r z eih t
v e r z ieh
v e r z ieh e n
W eih n a ch t, die (ohne Artikel: W eih n a ch t (e n))

Häufige eih-Wörter in Kindertexten: Weihnacht/Weihnachten, leihen

Übungen: eih für den langen ei-Laut

66. Suche die drei Nomen aus der eih-Liste heraus und schreibe sie auf.

____

67. Finde weitere Wörter mit EIH. Schreibe sie in dein Heft.

			W	EIH	E	N	die			R	EIH	E	
			L	EIH	_	_	die	G	E	W	EIH	_	
	G	E	D	EIH	_	_	die	AU	S	L	EIH	_	
V	E	R	Z	EIH	_	_	das	AU	S	L	EIH	_	_

68. Schreibe Wörter aus, die mit Weihnachts- anfangen.
Beispiel: WEIHNACHT-S: Weihnachtsplätzchen

WEIH NACHT S: ______________________________

____

69. Für Profis: Fülle diese Tabelle mit den unregelmäßigen Verben aus:

verzeihen	verzieh	verziehen
gedeihen		
leihen		

Memo nur mit Langvokalen

kopieren

Suche die passenden Paare zusammen,
die einmal ein Dehnungs-h oder eine Vokalverdoppelung haben
und einmal nicht. Schreibe die gefundenen Wörter in dein Heft.
Die ausgeschnittenen Kärtchen kannst du in einem Brief aufheben.
Beispiel: das Beet und das Gebet

das Beet	das Gebet	die Bahre eine Trageliege	bar bar bezahlen
wir dehnen	denen	das Heer	her
es ist wahr	er/sie/es war	das Mahl das Essen	das Mal das erste Mal
die Reede ein Vorhafen	die Rede eine Rede halten	währen es währt lange	wir wären
die Wahl	der Wal	die Uhr	das Ur ein Auerochse
wir mahlen Mehl mahlen	wir malen Bilder malen	die Waage	der Wagen

SEHR häufige Verben – MEHR üben

kopieren

In diesen häufigen Verben steht immer ein Dehnungs-h.
Übe mit den Kärtchen immer wieder. Lass dir die Wörter diktieren oder benutze die Kärtchen auch, um verschiedene Zeiten zu bilden.

fahren	gehen	sehen	stehen
nehmen	lehren	bezahlen	kehren
drehen	fehlen	wehren	ahnen
stehlen	befehlen	strahlen	wohnen
belohnen	erzählen	fühlen	führen
fliehen	ziehen	leihen	weihen

Memo mit langen und kurzen Vokalen

kopieren

Suche (alleine oder zu zweit) die passenden Pärchen heraus und sortiere sie dann in zwei Stapel: einmal mit Lang- und einmal mit Kurzvokalen.

Beispiel: **Stapel Langvokale** die Saat, die Sohlen **Stapel Kurzvokale** satt, sollen

die Saat	satt	die Sohlen	wir sollen
lahm	das Lamm	sie haaren	sie harren ausharren
der Wahn	wann	fahl	der Fall
der Stahl	der Stall	das Beet	das Bett
der Fühler	der Füller	die Höhle	die Hölle

Literatur

Augst, G. (2009): *Wortfamilienwörterbuch der deutschen Gegenwartssprache.* Tübingen: Niemeyer.
DUDEN (2023[10]): *Deutsches Universalwörterbuch*. Mannheim u. a.: Dudenverlag [und aus 18 Mill. Einträgen: duden.de/sprachwissen/sprachratgeber/Die-haufigsten-Worter-deutschsprachigen-Texten, 3. 2024).
Eisenberg, P. (2017): *Deutsche Orthographie*. Regelwerk und Kommentar. Berlin, Boston: de Gruyter.
Naumann, C. L. (1999): *Orientierungswortschatz. Klassen 1-6*. Überarb. 4. Aufl. Weinheim, Basel: Beltz.
Siekmann, K. (2023): *Grund- u. Orientierungswortschatz, Primarstufe.* Vokale. Schönau: Siekmann Vlg.
Thomé, G. (2019[2]): *Deutsche Orthographie: historisch, systematisch, didaktisch*. Oldenburg: isb-Fachverlag.
Thomé, G.; Thomé, D. (2023): *Deutsche Wörter n. Laut- u. Schrifteinheiten gegliedert*. 2. Aufl. Oldenburg: isb.
Trubetzkoy, N. S. (1938/1989[7]): *Grundzüge der Phonologie*. Göttingen: Vandenhoeck & Ruprecht.